AF404433

Andreas Herteux

Primeros fundamentos del capitalismo conductual

Un inventario de una nueva variedad de capitalismo

2019 Andreas Herteux

Editor: Erich von Werner Society
            Erich von Werner Verlag

ISBN 978-3-948621-00-1

Contento

Observaciones preliminares

El mundo está cambiando a una velocidad vertiginosa. En ningún momento se puede ver esto más claramente que en el progreso tecnológico, que ha transformado seriamente y a menudo ha cambiado fundamentalmente la vida social, política, económica e individual. Pero este desarrollo es mucho más que una pequeña extensión del ser existente. Esto cambia esto fundamentalmente y sin embargo no parece haber suficiente descripción para este proceso y su uso comercial. ¿Existen pocas empresas de Internet que tengan ofertas completamente nuevas? ¿O todo debe ser interpretado a mayor escala? ¿A dónde nos lleva? ¿Qué ocurre con los datos y cómo se utilizan? ¿Cómo se genera el beneficio con nuestro comportamiento? ¿Hay alguna posibilidad de manipulación aquí? Por lo tanto, existen cuestiones críticas, pero siguen siendo poco sistemáticas.

En resumen, parece haber surgido un sentimiento por el hecho de que hay mucho más en juego que los nuevos modelos de negocio y, sin embargo, hasta ahora no ha habido ninguna forma de articulación, ninguna estructura descriptiva que afirme claramente que ya no podemos hablar de la conducta empresarial de las empresas individuales, sino que ya tenemos que hablar de una nueva variedad de capitalismo: Capitalismo conductual. Este capitalismo surgió con una velocidad vertiginosa y se ha convertido en una parte integral de la vida de muchas personas, ya que está estrechamente ligado al desarrollo tecnológico. Ofrece oportunidades, pero también riesgos, ya que su poder, a diferencia del capitalismo financiero, que también ha surgido en las sombras, se extiende a la intimidad del individuo y se está afianzando cada vez más. Por esta razón es de importancia central sacarlo de lo aproximado y nebuloso a la luz, nombrarlo claramente y discutirlo. Hasta ahora, esto no ha sido posible, excepto en el caso de las piezas individuales.

El modelo de capitalismo conductista intenta llenar este vacío y así, por primera vez, crea un orden que hace tangible y comprensible una nueva variedad de capitalismo. Al mismo tiempo, esto crea una base para una argumentación adecuada para salir de los círculos de expertos y estudiosos y difundirlos de manera general y comprensible, porque la discusión sobre el capitalismo conductual no sólo puede llevarse a cabo en pequeños círculos, en ciertos medios o en la feuilleton, sino que debe convertirse en un tema central para el público en general.

Con este proyecto estamos todavía en el comienzo. Pero si no empezamos, el capitalismo conductual, análogo al capitalismo financiero, trabajará en las sombras y quizás desplegará un potencial que puede ser utilizado más para el poder y la dominación que para el bien de la humanidad. A la luz y con la ayuda de la observación pública, parece más fácil dirigir el río torrencial en la dirección correcta que esperar infantil e ingenuamente que esto suceda por sí solo. Pero todavía estamos en la línea de partida imaginaria con este pensamiento.

Por lo tanto, este documento cubre principalmente las publicaciones anteriores sobre el tema del capitalismo conductual. Por lo tanto, se imprimirán a medida que se vayan publicando. Por lo tanto, se da redundancia, pero sin duda también crea valores de memoria.

Estas publicaciones han dado lugar a debates y preguntas iniciales, que se tratan en una sección aparte.

Por lo tanto, se trata de una documentación de una fase temprana que puede servir como obra de referencia impresa, pero que de ninguna manera pretende presentar el objeto de la investigación de manera concluyente y definitiva.

También hay que señalar que el capitalismo conductual será un tema central del siglo XXI, pero sigue siendo sólo una parte de él. Una importante, pero que no puede separarse de elementos como la lucha por el medio ambiente, la sociedad irritante, el cambio de los tiempos y el individualismo colectivo para una imagen coherente del presente y del futuro. Sólo una visión de conjunto es la clave para un entendimiento global y, por lo tanto, para una solución global. El capitalismo conductual es, por lo tanto, un patrón explicativo importante, pero que requiere la clasificación en una estructura más amplia, que, sin embargo, no formará parte de este escrito.

Tener esto en cuenta puede ser difícil, debido a la bisagra y al dominio del contenido de cada una de las subáreas, ya que cada una de ellas podría ser objeto de toda una vida como investigadora, pero es absolutamente necesario, ya que de lo contrario se pueden producir errores de juicio unilaterales. Esto debe evitarse con la visión de conjunto antes mencionada.

Andreas Herteux

Capitalismo conductual - Una nueva variedad de capitalismo gana poder e influencia

- El comportamiento humano es una materia prima utilizable

- Esta materia prima se ha convertido en un factor de producción debido al progreso tecnológico.

- Este factor de producción ha dado lugar a nuevos modelos de negocio que ahora tienen un impacto masivo en la vida económica, política y social.

- Por lo tanto, es necesario hablar de una nueva variante del capitalismo: el capitalismo de comportamiento.

- Esta nueva forma de capitalismo aún no se entiende como tal, lo que conlleva el peligro de que cree relaciones de poder y de mercado que difícilmente o con gran dificultad podrán ser corregidas posteriormente.

El mundo está experimentando un cambio de tiempos y una era de cambio. Dinámico, rápido y en cuyo momento esto puede ser reconocido más claramente que por el progreso tecnológico, que cambia poderosamente y a una velocidad increíble la vida personal y comunitaria y no deja casi ningún campo sin tocar, ya sea la política, la sociedad o la economía. En el marco de este proceso, la influencia ha cambiado y se han establecido otras nuevas. Pero todo eso casi imperceptiblemente, casi sigilosamente en las sombras y, sin embargo, al final casi todo es tangente. La tecnología más que nunca significa poder y esta influencia especial a través del mundo inteligente, se puede encontrar hoy en día en el mundo occidental sorprendentemente agrupada con unas pocas empresas, que naturalmente tienen poco interés en explicar los riesgos de su actividad demasiado públicamente, porque ven principalmente las oportunidades de sus acciones y no los peligros. ¿Quién los culpará? ¿Cuántas personas entienden realmente sus modelos de negocio? ¿No pareció que salieron de la nada, estas compañías de miles de millones de dólares que ahora son indispensables?

Esta nueva influencia de los grandes grupos tecnológicos, que a menudo sólo existen desde hace unos pocos años, es asombrosa y asombrosa, al igual que el desarrollo de que sus productos se han convertido en una parte indispensable de la vida cotidiana de muchas personas y de la sociedad a un ritmo vertiginoso. Una conquista silenciosa y, sin embargo, son mucho más que modelos de negocio inteligentes que pueden integrarse fácilmente en los ya existentes. Estas empresas son sólo actores en un campo de juego que ha hecho posible su existencia y crecimiento en primer lugar. Una cosa que con demasiada frecuencia se ha subestimado y pasado por alto hasta ahora es el capitalismo de comportamiento.

Con este término, el propio niño fue derivado y bautizado por el autor de estas líneas, el sentimiento por el cambio de las relaciones de poder obtiene un marco ordenado y bien fundamentado y se vuelve comprensible. La acumulación de poder ya no puede esconderse detrás de los mecanismos de lo nuevo, sino que es claramente visible a la luz. Una necesidad, porque un capitalismo de comportamiento desenfrenado y desenfrenado es aún más peligroso que un capitalismo financiero enojado, porque necesita no sólo capital, sino al hombre en su conjunto para cosechar. A cualquier hora, cualquier día. Sí, el fenómeno era palpable. Ahora encuentra su análisis y orden. Por lo tanto, el capitalismo conductual debe ser identificado e interpretado para poder manejarlo con confianza en sí mismo y positivamente. El caballo salvaje necesita doma, de lo contrario pasará al final.

En casos aislados, y esto debe ser notado, ya hay intentos adicionales de dar a la nueva era una forma verbalizada, de la cual debe mencionarse en particular el concepto de capitalismo de vigilancia de Shoshana Zuboff, pero esto, y perdonen esta palabra, no va lo suficientemente lejos como para explicar suficientemente los correspondientes cambios globales y también se concentra fuertemente en posibles aspectos negativos de un desarrollo enfurecido, que puede ser tanto una bendición como una maldición, la verdad usualmente se encuentra en el medio.

El modelo de capitalismo conductual, por lo tanto, sigue un enfoque diferente y neutral y tiene poco en común con el capitalismo de vigilancia, aparte de que ambos quieren abordar el mismo fenómeno. No obstante, se recomienda trabajar con esta preparación. Sin embargo, dado que estas páginas sólo pretenden describir brevemente el capitalismo conductual, un examen más profundo de otros conceptos sólo puede llevarse a cabo por separado.

Por lo tanto, comencemos con el tema actual e inmediatamente con una definición:

> **El capitalismo conductual es una variante del capitalismo en la que el comportamiento humano se convierte en el factor central para la producción y el suministro de bienes y servicios.**

La clave para entender esta nueva forma de capitalismo es considerar el comportamiento humano como un recurso utilizable. De esto, en la medida en que se pueda ganar lo suficiente, por un lado se pueden derivar las necesidades de la gente, pero por otro lado también se pueden obtener pronósticos para la acción futura. Sobre la base de esta materia prima, se pueden producir productos y servicios que correspondan a las necesidades o al comportamiento futuro. También es posible comercializar los datos en el mercado. ¿Cómo se define el comportamiento?

Comportamiento significa actuar, tolerar y no actuar. Los procesos pueden ser conscientes o inconscientes. Está influenciado y producido por estímulos.

Todo esto puede sonar terriblemente abstracto, pero al examinarlo más de cerca, el comportamiento siempre ha sido utilizado como materia prima, aunque no siempre es así. No queremos referirnos a la venta de indulgencias en la Edad Media, sino al sector de los seguros. Es un buen ejemplo de cómo el comportamiento del cliente, a menudo en la persona del representante, es investigado, evaluado por la empresa y finalmente utilizado para mejorar los productos existentes, es decir, los seguros, y para crear nuevos servicios. Sólo de esta manera eran concebibles los desarrollos creativos como salvaguardar la propia muerte. Dado que se trata de bienes inmateriales, es decir, inmateriales, el comportamiento de las partes interesadas y de los clientes reviste una importancia extraordinaria.

Básicamente, siempre ha sido un factor de producción, al menos en estas áreas, y es con esta misma idea con la que podemos acercarnos a esta nueva forma de capitalismo, porque el reconocimiento de que las necesidades y el comportamiento de los clientes potenciales son un componente importante para poder ofrecer y vender productos y servicios de forma efectiva no es original, ni requiere un estudio más profundo.

Pero ahora las condiciones han cambiado, porque el desarrollo tecnológico ha conducido a nuevos modelos de negocio que han ganado tal influencia que plantean la cuestión de si hace tiempo que se han convertido en una forma independiente de capitalismo, el capitalismo de comportamiento. Esto nos lleva a la tesis central de este trabajo, que es que las nuevas posibilidades de desnaturalización comportamental han convertido a la materia prima en un factor de producción y, por tanto, en una variante del capitalismo por derecho propio.

El factor de producción central del capitalismo conductual es el comportamiento humano.

No es que no siempre se haya querido saber lo más posible, pero sólo con el desarrollo tecnológico antes mencionado el problema de la difícil adquisición de datos de comportamiento desapareció en el aire en muy poco tiempo. Por lo tanto, no es de extrañar a qué velocidad las grandes empresas de tecnología como Amazon, Facebook o Google emergieron y comenzaron a recopilar datos, a utilizar el comportamiento de acuerdo con los métodos capitalistas y a integrar a la gente poco a poco. Los algoritmos y la automatización hicieron posible lo que los humanos no habrían podido hacer.

Eran los grandes capitalistas del comportamiento. Ahora analizan el estímulo homo y tratan de generar información o datos sobre la base de su comportamiento o de ofrecer o mediar productos y servicios. A la medida del individuo. El "comportamiento" de la materia prima se convirtió en un factor de producción.

Este nuevo factor de producción es ahora tan importante que también se ha convertido en indispensable para el capitalismo clásico y financiero, ya que el conocimiento del comportamiento actual, compuesto por grandes cantidades de datos obtenidos, permite en muchos casos evaluar o influir en el comportamiento futuro.

> **Hoy en día, el comportamiento es también un factor de producción central para el capitalismo clásico y financiero y complementa el trabajo, la tierra y el capital.**

Este comportamiento se utiliza directamente como mercancía o se transforma en productos de satisfacción y/o previsión en un proceso de producción.

Un **producto de satisfacción tiene como objetivo** satisfacer las necesidades humanas.

Un **producto de pronóstico** predice el comportamiento humano futuro.

Los datos de comportamiento también se pueden comercializar sin necesidad de procesamiento adicional.

Los algoritmos y la inteligencia artificial se encargan cada vez más de esta tarea. Para simplificar, resumimos este proceso descentralizado en la metáfora descriptiva de la fábrica de comportamiento.

El almacenamiento del comportamiento, así como el procesamiento a satisfacción y el pronóstico de los productos se llevan a cabo en la fábrica de comportamiento.

Hasta aquí las definiciones básicas y la historia del desarrollo. A continuación, se examinarán con más detalle la funcionalidad y el proceso de creación de valor del capitalismo conductual.

El ciclo del capitalismo conductual

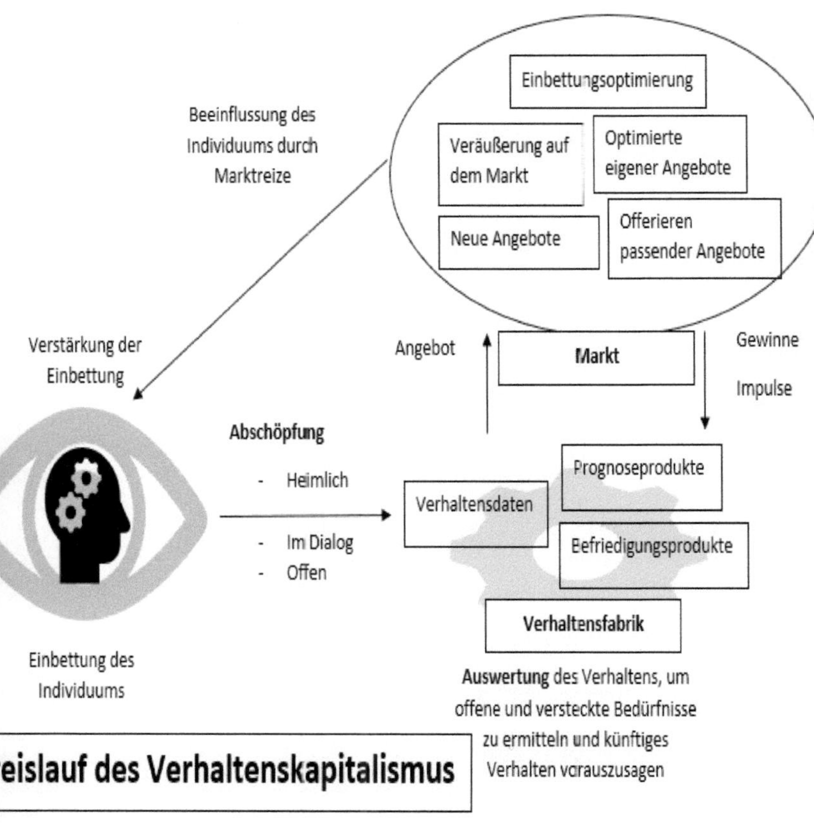

Absorción de datos de comportamiento

El capitalismo conductual se basa en el comportamiento de las materias primas y de los factores de producción, que se crea por la reacción del individuo a los estímulos. Primero debe ganar esto robando. Siempre ha habido tales intentos, pero fue el progreso tecnológico impulsado por el cambio de los tiempos lo que hizo posible la cosecha automatizada en grandes cantidades. El proceso de skimming tiene tres variantes:

- **Desnatado abierto**

  En este caso, el individuo es consciente de que sus datos serán utilizados para producir ciertos productos de pronóstico y satisfacción correspondientes.

  Un ejemplo típico sería la entrada en un motor de búsqueda. Su comportamiento o interés personal se utiliza abiertamente para presentarle el resultado deseado. Dentro de un minuto, por ejemplo, el 2017 será un evento mundial:

- 3,8 millones de búsquedas en Google

- 47.000 Instagram Photo Uploads

- 4,1 millones de clics de vídeo en Youtube

- 530.000 fotos de snap chat compartidas

- 456.000 transmisiones de mensajes de Twitter

Estas cifras demuestran de forma impresionante que muchos datos de comportamiento se transmiten voluntariamente en muchos casos, ya que esto crea un valor añadido para el usuario.

- **Desnatamiento dialógico**

En el skimming dialógico, el individuo y una máquina (algoritmo, AI) entran en un proceso de diálogo que sirve no sólo para identificar necesidades, sino también para estimar el comportamiento futuro. Al hacerlo, ambas partes reaccionan a los estímulos y ahora es posible revelar necesidades de las que el usuario puede no haber sido consciente. La interacción puede ser abierta u oculta. Lo importante es que el proceso vaya más allá de una acción.

- **Desnatado oculto**

En el caso de la desnatada oculta, el comportamiento se recoge y se procesa o se revende sin conocimiento del usuario. Un ejemplo sería cuando los datos de perfil de un individuo se utilizan en una red social para desarrollar productos y servicios comerciales que se utilizan para manipular o controlar el comportamiento. El caso modelo sería el uso de 87 millones de datos de usuarios de Facebook de Cambridge Analytica para la campaña electoral de Donald Trump en 2017.

Los límites entre las distintas variantes son, por supuesto, fluidos. Por ejemplo, la mayoría de los usuarios de los motores de búsqueda son conscientes de que los resultados van acompañados de anuncios de productos de la misma gama de temas. Del mismo modo, los usuarios de medios sociales deben ser conscientes de que sus datos están siendo utilizados para la integración. Por lo tanto, una separación rígida de los tipos de gravamen tiene poco sentido.

Transformación en la fábrica de comportamiento

Los volúmenes de datos obtenidos se almacenan ahora en la fábrica de comportamiento, una metáfora que representa un proceso de procesamiento complicado y descentralizado de forma más plástica, y se procesan por partes en productos. Se elaboran productos de pronóstico y de satisfacción.

Los productos de pronóstico se utilizan para estimar el comportamiento futuro de un individuo. Un ejemplo típico sería un usuario de una red social que está interesado en el senderismo, presenta fotos y documenta la participación en eventos. El algoritmo puede ahora leer estos datos y complementarlos con otra información como la edad, el lugar de residencia, la inclinación de la marca, el estilo, etc. El algoritmo también puede leer los datos de los datos. Junto con la lectura del historial del navegador, que puede ocurrir incluso si ya no está conectado a la red correspondiente, se crea un producto de pronóstico, cuyo resultado podría ser, por ejemplo, que exactamente este usuario es muy probable que vuelva a realizar las visitas correspondientes en verano. Por lo tanto, tendría sentido confrontarlo virtualmente con servicios adecuados (por ejemplo, ofertas de viaje) o productos (por ejemplo, botas de senderismo) poco antes. El producto de pronóstico abre la puerta a un enfoque específico.

Los productos de satisfacción, por otro lado, están específicamente orientados a satisfacer las necesidades identificadas. No en el futuro, sino en el presente. Es interesante observar que un producto de satisfacción puede referirse tanto a una necesidad que el usuario conoce como a una necesidad sobre la que aún no ha reflexionado, pero que resulta del análisis del comportamiento. Por lo tanto, son precisamente los productos de satisfacción, pero también los productos de pronóstico, los que tienen la función de revelar las necesidades internas del individuo y, por lo tanto, pueden ser un elemento importante de auto-realización.

Negociación en el mercado

Tanto los productos de pronóstico y satisfacción como el propio comportamiento pueden ser utilizados o vendidos por el propio recopilador de datos. Esto genera enormes beneficios, que normalmente se reinvierten. No necesariamente sólo en el modelo de negocio anterior, sino también en otros campos que invitan al networking. Por lo tanto, surgen las siguientes oportunidades para el mercado:

- **Ofrecer ofertas adecuadas**

  Los datos se utilizan para ofrecer ofertas adecuadas a la persona. Esto puede consistir en servicios y productos propios, combinados, sin embargo, estos son generalmente con la publicidad de terceros. El núcleo del modelo de negocio todavía se puede ver aquí hoy en día.

  En general, se estima que el 25% de los ingresos publicitarios globales son generados por Facebook y Google, dos de los mejores ejemplos de capitalismo de comportamiento aplicado. En 2016, todavía era del 20%. Tendencia en aumento.

- **Nuevas ofertas**

  El comportamiento hace necesario diseñar productos totalmente nuevos para satisfacer las necesidades identificadas a partir de ellos. La idea de derivar de la observación del mercado las innovaciones y desarrollos necesarios es tan antigua como la propia actividad económica, pero gracias a las nuevas posibilidades de desviar una materia prima que antes era difícil de extraer, ha alcanzado una dimensión completamente nueva.

- **Optimización de ofertas propias**

  Las ofertas propias son mejoradas y adaptadas mediante productos de comportamiento y retroalimentación adecuada. Esto se aplica tanto a los recopiladores de datos como a sus clientes. En particular, la máquina de aprendizaje depende de estas reacciones para mejorar constantemente sus funciones.

- **Venta en el mercado**

  Los volúmenes de datos se ponen a disposición de terceros en bruto o ya como productos de procesamiento para sus propias actividades comerciales.

- **optimización de incrustaciones**

  El individualismo colectivo conoce la inserción del hombre en la creación de una realidad individual. El capitalismo conductual contribuye a ello a través de un ciclo continuo de desnaturalización conductual.

Prozess der Einbettung

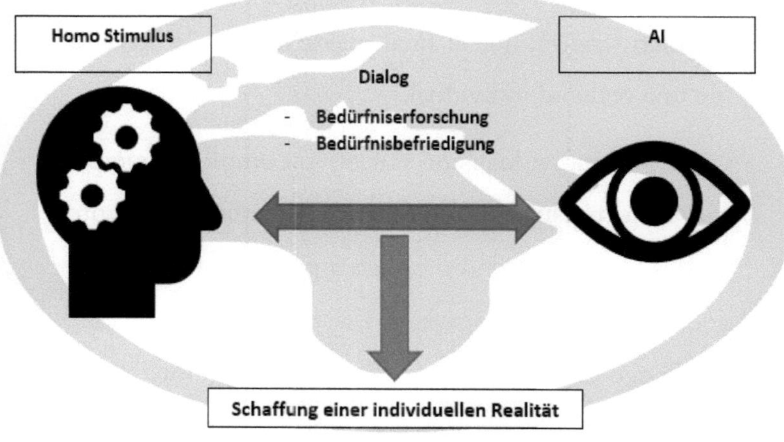

Estimulación del individuo para reaccionar

En el caso ideal, el individuo reacciona a los estímulos ofrecidos y así crea un nuevo comportamiento, que a su vez puede ser descremado. El resultado es un ciclo de incrustación, que al final puede llevar a la creación de una realidad individual.

En un individualismo colectivo completo, que por supuesto presupone un desarrollo técnico constante, lo desnatado se hundiría poco a poco en una realidad individualizada. Sin embargo, esto es todavía incompleto debido a la presencia de luchas en el medio ambiente. Al mismo tiempo, el comportamiento de la materia prima y el capital de inversión se acumulan, lo que mejora aún más las posibilidades de comportamiento de la fábrica y del skimming. Se desarrolla un ciclo. El juego, impulsado por la máquina, comienza desde el principio. Por lo tanto, por un lado, causa la incrustación del hombre, pero al mismo tiempo también causa el distanciamiento adicional de los medios sociales.

Inventario y perspectivas

El capitalismo conductual es una variante del capitalismo que, al igual que el capitalismo financiero, es difícil de identificar en sus efectos y, por lo tanto, sólo desempeña un papel subordinado en la percepción pública y en la agenda política. Utiliza hábilmente esto para extenderse y consolidarse, que en el capitalismo se caracteriza a menudo por el surgimiento de monopolios u oligopolios. Esto queda demostrado de forma impresionante por la situación real de los grupos tecnológicos y su poder de mercado.

Por lo tanto, el capitalismo conductual se ha establecido firmemente, pero sin ser percibido como tal. La tecnología más avanzada permite una incrustación nunca antes vista que puede penetrar en las zonas más íntimas de la persona. Un desarrollo que requiere un escrutinio más profundo y que no debe seguir ocurriendo en las sombras, ya que un capitalismo conductual desatado sería una fuerza aún más fuerte de lo que nunca lo fue el capitalismo financiero. Sería un medio de dominación.

La presentación de este desarrollo fue deliberadamente neutral, ya que implica tanto oportunidades como riesgos. La inserción del individuo en su propio mundo, que sirve a su propia satisfacción de necesidades y autorrealización, no es al principio negativa, sobre todo porque no tiene que ser diseñada de forma cerrada. Por otro lado, por supuesto, hay un mundo central de quién controla en última instancia los estímulos y los datos y si se manipula el comportamiento o incluso la propia realidad. Esto, al igual que el modelo del capitalismo conductista, se va a discutir ahora.

Este documento está disponible bajo el título DOI 10.13140/RG.2.2.2.18058.62402 y ha sido publicado varias veces en la misma forma y en alemán

e inglés y publicado para su discusión. En Alemania, por ejemplo, en el semanario "Der Freitag":

https://www.freitag.de/autoren/aherteux/der-aufstieg-des-verhaltenskapitalismus

Capitalismo conductual - Ascenso en la sombra

interrogatorio

Andreas Herteux, fundador de la Sociedad Erich von Werner sobre el funcionamiento y la creciente influencia del capitalismo conductista, que investigó, analizó e identificó.

Sr. Herteux, usted ha descrito un nuevo tipo de capitalismo. ¿Cómo lo describiría en pocas palabras?

El capitalismo conductual es una variante del capitalismo en la que el comportamiento humano se convierte en el factor central para la producción y el suministro de bienes y servicios.

Suena muy abstracto al principio.

Esto es cierto y también hace que sea muy difícil reconocer el capitalismo conductual en absoluto. En realidad, no es tan difícil. Pensemos en un panadero y sus panecillos. Todos debemos tener claro qué materias primas necesitará para el proceso de producción. Para nuestros bollos, tal vez harina, agua, levadura y un poco de sal. Pasemos de la panadería a Internet. La mayoría de nosotros ya hemos encontrado publicidad personalizada. Por ejemplo, hemos estado buscando unas vacaciones en las montañas y de repente nos encontramos con correos electrónicos, banners y reportajes en medios sociales sobre el tema. Sin embargo, esta publicidad personalizada sólo puede dirigirse a nosotros si nuestro comportamiento, en este caso la consulta de búsqueda, ha sido evaluado de antemano. Todos los servicios, anuncios, sugerencias para la amistad - todos estos panecillos se cocinaron de una sola masa: nuestro comportamiento que antes se abría, se ocultaba o se descremaba en un diálogo y luego se evaluaba, lo que significa que esta materia prima se transformaba en productos de pronóstico y satisfacción en una fábrica de comportamiento metafórico con el fin de obtener algo individual para nosotros del horno metafórico.

Si lo miras desde el punto de vista, ¿es el comportamiento la harina de las empresas de Internet?

Por lo tanto, el comportamiento humano es obviamente una materia prima utilizable y esta materia prima se ha convertido, a través del progreso tecnológico, en un factor de producción, lo que ha dado lugar a modelos de negocio completamente nuevos que, entretanto, tienen una enorme influencia en la vida económica, política y social. Sería fatal hablar aquí de un solo modelo de negocio, porque su poder es demasiado grande para ello. Más bien, es una nueva variante del capitalismo: el capitalismo conductual.

¿Es realmente nuevo el uso del comportamiento humano?

Por supuesto, el comportamiento humano siempre ha sido un factor esencial y una materia prima. Ya solo para las áreas de ventas y marketing, pero también como materia prima. Pensemos aquí en el sector de los seguros, que ya antes de la era moderna había descremado el "comportamiento" de los clientes y, por tanto, había diseñado nuevos productos y optimizado los antiguos. En esta industria, esta materia prima ha sido siempre más y más una base primaria para los negocios. Por cierto, también en política o, si te gusta históricamente, en la venta de indulgencias. Sin embargo, el progreso técnico ha aumentado casi infinitamente las posibilidades de desnaturalización del comportamiento y ya no necesitan un ser humano para la evaluación, sino, por decirlo de forma sencilla, sólo la máquina de aprendizaje. Sólo dos números para subrayar esto; sólo Google tenía alrededor de 3,8 millones de búsquedas para 2017 y Youtube 4,1 millones de clics de vídeo. Por minuto. Se puede calcular aproximadamente la cantidad de datos de comportamiento que se pueden extraer en un día y, en su mayor parte, un producto o servicio puede incluso producirse y ofrecerse inmediatamente, incluso si sólo es la respuesta a una consulta de búsqueda.

Mi agente de seguros sólo puede soñar con esas cantidades de datos.

Las compañías de seguros están mucho mejor posicionadas hoy en día, pero usted puede ver la diferencia en el lugar correcto. Sólo un cambio de época, cuyos elementos incluyen también el desarrollo rápido y dinámico de la tecnología y el condicionamiento del hombre a su uso, que se describiría como una sociedad irritante, en la que no queremos caer en la psicología, ha convertido una materia prima en un factor de producción. Así que hoy podemos hablar de capitalismo de comportamiento.

¿Existe un paralelo para tal desarrollo?
Sí, según un principio similar, el capitalismo financiero ha superado al capitalismo clásico. Aunque el capital siempre ha sido un factor económico de producción, era demasiado tarde para darse cuenta de que había llevado como elemento independiente a una nueva variedad de capitalismo. Incluso hoy en día, existen grandes problemas para reconocer e interpretar correctamente sus mecanismos. Por eso puede actuar un poco por debajo del radar. Aquí hay un paralelo con el capitalismo conductista.

Sohsana Zuboff también advierte de los peligros de tal desarrollo, aunque no utiliza el término "capitalismo conductual" que usted acuñó, sino que habla del capitalismo de vigilancia.

Sí, y aprecio mucho su trabajo meticuloso y crítico, pero su concepto de capitalismo de vigilancia tiene poco en común con el modelo de capitalismo conductual. La Sra. Zuboff ve su capitalismo de vigilancia, y la palabra ya traiciona esto, como algo fundamentalmente negativo y hecho por el hombre, que unas pocas personas presentaron hace unos años en Google para ganar poder, riqueza e influencia conscientemente. Para el capitalismo conductista, por otro lado, el desarrollo es una consecuencia lógica del capitalismo y está en continuidad. No es una degeneración, como ella lo llama, sino que el agua simplemente fluye. Compañías como Google emergieron de este río y no fuera de él en algún lugar de la orilla seca.

Sin embargo, ambos se enfrentaron a los peligros, pero es cierto que el capitalismo de vigilancia ve el desarrollo exclusivamente de manera negativa. Quiere advertir, quiere ser subjetivo y no necesariamente mostrar un modelo como representación de la realidad. El capitalismo conductual quiere exactamente eso, por lo tanto sopesa las oportunidades y los riesgos y se esfuerza por una presentación neutral de los mecanismos generales. Por supuesto, él también ve las posibilidades de manipulación, pero también el otro lado.

Piense en nuestro ejemplo de consultas de búsqueda. También recibirás una respuesta de Google & Co. y Youtube te mostrará el vídeo deseado. El contenido personalizado no tiene por qué ser fundamentalmente malo, incluso si está oculto, porque con la integración puede incluso ser posible identificar necesidades que la gente nunca habría descubierto sin la nueva tecnología. Tomemos el ejemplo de unas vacaciones en las montañas. ¿Quizás la máquina de aprender te hace pensar que el montañismo siempre ha sido tu pasión? ¿Sería malo si descubrieras tal necesidad interior?

En el lado negativo está, por supuesto, la posibilidad de manipulación. Debemos defendernos de ellos, pero no debemos engañarnos a nosotros mismos, tanto como queremos. Grandes sectores de la población, es decir, no pocos medios, cambiarán gustosamente parte de su libertad por una inserción que determine sus necesidades y las satisfaga. Tal vez algunos estímulos homo incluso consiguen las posibilidades de auto-desarrollo por primera vez. Eso suena aterrador para algunos oídos, pero será la realidad. Pero la resignación sería una reacción equivocada. Más bien, la realidad debería animarnos a dejar claro a todo el mundo que no tienen que elegir: incrustación o libertad, pero puede tener ambas. Pero ni siquiera hay señales de ello. Una situación muy peligrosa.

¿Cómo enfrentar los peligros del capitalismo conductista?

En primer lugar, reconociéndolos y situándolos en el contexto adecuado. El capitalismo conductual, junto con la sociedad del estímulo, desencadenará una era de individualismo colectivo, en la que, sin embargo, el proceso de individualización se verá obstaculizado por las luchas del entorno. Puntos fundamentales con los que la Sociedad Erich von Werner trata en profundidad, porque aquí está también la causa de la difícil situación social y no en modelos explicativos obsoletos del siglo pasado como el anticuado esquema izquierda-derecha.

Esto y el hecho de que nos encontramos en el umbral de una nueva era que cambiará radicalmente el equilibrio internacional de poder en los próximos decenios deben ser realizados y aceptados. Algo se está moviendo. Incluso si reconociéramos esto, necesitaríamos ideas y aquí, desafortunadamente, nos hemos vuelto muy poco imaginativos o hemos capitulado ante un mundo complejo y tantas interrelaciones, por lo que necesitamos una solución integral que pueda resolver todos estos problemas. Con el modelo de hegemonía alternativa (modelo AH) hemos presentado un modelo que podría corregir el capitalismo y hacer frente a los grandes desafíos de nuestro tiempo. Con ella podemos transformar el capitalismo en una economía de mercado de valor.

Por lo tanto, el cambio para mejor es posible. Todo lo que se necesita es valor.

La entrevista fue publicada en alemán e inglés en varios medios de comunicación. Por ejemplo, está disponible aquí: https://www.dailypress.com/dp-ugc-article-behavioral-capitalism-andreas-herteux-on-th-2-2019-09-18-story.html

El capitalismo conductual y el capitalismo de vigilancia - una comparación de dos interpretaciones de un desarrollo del capitalismo

- El capitalismo conductual considera la absorción y el uso de datos conductuales como un desarrollo capitalista lógico en la continuidad histórica y, por lo tanto, como un desarrollo inevitable.

- El capitalismo de la vigilancia distingue entre el comportamiento necesario para optimizar los servicios existentes y los datos que no se necesitan para ellos. Considera el uso del "exceso de comportamiento" como una forma de capitalismo explícitamente hecha por el hombre, no obligatoria y degenerada, cuyo objetivo final es la acumulación de poder, riqueza e influencia.

- El comportamiento siempre ha sido una materia prima para el capitalismo comportamental, que se ha convertido en un factor de producción a través del desarrollo técnico.

- En el capitalismo de vigilancia, el llamado "comportamiento excedente" fue descubierto por Google y explotado gratuitamente por ésta y otras empresas.

- El capitalismo conductual ve tanto las oportunidades como los riesgos de este desarrollo.

- El capitalismo de vigilancia, por otro lado, se interpreta exclusivamente de manera negativa.

- El capitalismo conductual se encuentra en un contexto del que no puede ser arrancado, y el conocimiento de estas conexiones es indispensable para tratar con él y entenderlo.

- El capitalismo de vigilancia es una construcción aislada, creada en última instancia hace unos años, cuya autoría se puede encontrar entre otras en Google y, por lo tanto, también se puede combatir de esta manera.

Observaciones preliminares

En muy poco tiempo, el desarrollo tecnológico ha hecho posibles nuevos modelos de negocio, ha cambiado las relaciones de poder y, al final, ha creado una nueva forma de capitalismo. Esta evolución se considera a menudo de forma crítica, pero hasta ahora este debate sigue careciendo de una estructura y unos modelos con los que pueda llevarse a cabo una clasificación selectiva y sencilla que sirva de base para un amplio debate. Ya hay primeros intentos de establecerlos y a continuación se tratarán dos interpretaciones de esta evolución.

Estos son el concepto de capitalismo de vigilancia y el modelo de capitalismo de comportamiento. Diferentes enfoques a contrastar para mostrar que no se trata de establecer nuevos modelos de negocio, sino de una nueva forma de capitalismo que requiere toda nuestra atención, ya que corre el riesgo de ejercer una fuerte influencia en la vida social, social, política y económica que llega hasta el ámbito más íntimo del individuo. Este poder no puede y no debe esconderse en las sombras, sino que debe formar parte de una discusión pública que se vería facilitada en gran medida por una presentación estructurada de este desarrollo del capitalismo.

Las principales características del capitalismo de vigilancia fueron presentadas por Shoshana Zuboff en su libro "The Age of Surveillance Capitalism".[1] Este trabajo sirve como base primaria para la discusión y comparación entre el concepto de capitalismo de vigilancia y el de capitalismo de comportamiento. En cuanto a la metodología, cabe señalar que las citas y, por lo tanto, también los números de página, se refieren a la versión alemana de la obra.[2] Esto se justifica por el

---

[1] Zuboff, Shoshana, La era del capitalismo de vigilancia: 31. La lucha por el futuro en la nueva frontera de los libros de perfiles de poder. 01.2019

[2] Zuboff, Shoshana, La era del capitalismo de vigilancia. Editorial Campus 4 octubre 2018; 04 octubre 2018

hecho de que el libro se publicó por primera vez en alemán y de que se dispone de un gran número de entrevistas o informes complementarios.[3] Sin embargo, todas las reuniones celebradas en inglés se han incluido en la evaluación general de la misma manera que las no inglesas.

Por otra parte, se presentan los resultados de las investigaciones propias, cuya publicación, sin embargo, sigue siendo de carácter más reciente y todavía tiene que seguir el camino del establecimiento y la aceptación.

Los objetivos de este escrito son, por lo tanto:

1) Comparar dos interpretaciones fundamentales del desarrollo del capitalismo

---

[3] Se reconoce que es posible que existan pequeñas diferencias en la traducción inversa al inglés.

2) Contribuir a hacer descriptible este nuevo fenómeno y darle una estructura mediable.

3) Crear una base para la discusión sobre las oportunidades y riesgos del desarrollo capitalista.

Cabe señalar desde el principio que el autor de este artículo es también el autor de los tratados sobre el capitalismo conductual.

1. Definiciones y origen

Shosana Zuboff resume el desarrollo moderno del capitalismo bajo el término "capitalismo de vigilancia". Ofrece una definición más larga para esto, que debe ser considerada paso a paso y comparada con la del capitalismo de comportamiento:

> *"[...][El capitalismo de vigilancia es] una nueva forma de mercado que reivindica la experiencia humana como materia prima libre para sus operaciones comerciales ocultas de extracción, previsión y venta."[4]*

En el capitalismo de vigilancia, el hombre desempeña en última instancia el papel de un campo que es cosechado por las empresas de tecnología para ganar

---

[4] La definición se encuentra en la introducción y, por lo tanto, no tiene un número de página separado.

dinero con los productos ganados al final, así como para ganar poder e influencia.

Paralelamente, se señala que el capitalismo de vigilancia puede describirse como una nueva forma de mercado a través de su influencia en la vida social, personal, social, política y económica.

Esto debe contrastarse con la definición de capitalismo de comportamiento, que tiene algunas similitudes y muchas más diferencias:

> *"El capitalismo conductual es una variante del capitalismo en la que el comportamiento humano se convierte en el factor central de la producción y el suministro de bienes y servicios.[5]*

La definición de capitalismo conductual es más amplia porque se centra sólo en el rango de "comportamiento" como factor de producción. Sin

---

[5] Herteux, Andreas, El capitalismo conductual - Una nueva variedad de capitalismo gana poder e influencia

embargo, el capitalismo conductual también asume que ésta es una nueva forma de capitalismo. Por lo tanto, ambos modelos coinciden en este punto. Una diferencia interesante, sin embargo, es que se centra en el comportamiento humano más que en la experiencia. El comportamiento se define de la siguiente manera:

> *"El comportamiento se entiende como actuar, tolerar y no actuar. El*
>
> *Los procesos pueden ser conscientes o inconscientes. Está influenciado y producido por estímulos. [...] El factor de producción central del capitalismo conductual es el comportamiento humano."*[6]

Sin embargo, en el resumen gráfico ("El descubrimiento del exceso de conducta", página 121) del libro de Zuboff, ya no se menciona la experiencia, sino que

---

[6] Herteux, Andreas, El capitalismo conductual - Una nueva variedad de capitalismo gana poder e influencia

sólo debe quedar abierta una mancha lingüística. Los términos pueden ser entendidos como sinónimos aquí.

En el capitalismo conductista, por otro lado, se habla deliberadamente del comportamiento porque se basa en la teoría de la sociedad del estímulo, que asume un desarrollo hacia un estímulo homo.[7]

---

[7] Herteux Andreas, Die Reizgesellschaft - En el camino hacia la era del individualismo colectivo;
"Una sociedad de estímulos se entiende generalmente como una asociación de individuos que están expuestos a estímulos que influyen en una frecuencia fuerte, generalmente generada artificialmente, y que tienen dificultad o son incapaces de resistirse a estos estímulos, o que en algunos casos no desean resistirse a ellos. "El estímulo homo, el hombre de los estímulos, emerge."

El origen del capitalismo de vigilancia

Las diferencias se hacen más claras cuando se observa la definición más amplia del capitalismo de vigilancia. Zuboff lo [8]describe como *"una forma de capitalismo recortado de su tipo, caracterizado por una concentración de riqueza, conocimiento y poder sin parangón en la historia de la humanidad"*.

Sin embargo, el capitalismo de vigilancia no es sólo una anomalía, sino que fue creado conscientemente por unas pocas personas a principios del pasado reciente y utilizado para aumentar constantemente su propio poder:

"El capitalismo de la vigilancia comienza con el descubrimiento del exceso de comportamiento [...] Sobre todo,[9] debemos tener

---

[8] La definición se encuentra en la introducción y, por lo tanto, no tiene un número de página separado.

[9] Página 121

una cosa en mente: El capitalismo de vigilancia fue inventado por un grupo específico de personas, en un momento específico, en un lugar específico. No es necesariamente el resultado de la tecnología digital o del capitalismo de la información. Fue creado conscientemente.[10]

"Google había logrado sus primeros éxitos en el negocio online a principios de la década de 2000 y luego pronosticó las tasas de clics para los anuncios hechos a medida. Pero el control ya no se limita a la publicidad en línea. Los productos creados por la vigilancia son cada vez más lucrativos que los productos y servicios tradicionales. Compañías de todos los sectores compiten por nuestros

---

[10] Zuboff, página 108

datos de comportamiento para poder prede-cir qué, cuándo y cómo actuaremos, sentire-mos, querremos y compraremos".[11]

"El capitalismo de vigilancia es un fenómeno histórico, no una fatalidad tecnológica. Fue inventado alrededor de 2001 por una compañía llamada Google".[12]

Por lo tanto, sólo es comprensible si el capitalismo de vigilancia se ve en última instancia de manera negativa, ya que es la

---

[11] Entrevista con el diario Süddeutsche Zeitung del 07.11.2018;
https://www.sueddeutsche.de/digital/shoshana-zuboff-ueberwachungskapitalismus-google-facebook-1.4198835

[12] Entrevista con el semanario "Der Freitag" del 02.04.2019;
https://www.freitag.de/autoren/the-guardian/tyrannei-die-sich-von-menschen-ernaehrt

"[...] parásito [...] fundamento y marco de una economía de vigilancia [...] origen de un nuevo poder instrumental que reivindica por encima de la sociedad y enfrenta a la democracia de mercado con desafíos perturbadores.[...] apunta a un nuevo orden colectivo sobre la base de la certeza total.[...] una expropiación de los derechos humanos críticos que puede ser mejor entendida como un golpe desde arriba - el derrocamiento de la soberanía popular".[13]

El origen del capitalismo conductista

En contraste con el capitalismo de vigilancia, el capitalismo conductual ve los desarrollos en el capitalismo no como un plan hecho por el hombre, sino

---

[13] La definición se encuentra en la introducción y, por lo tanto, no tiene un número de página separado.

como un desarrollo lógico y convincente del capitalismo mismo.

No es que Google & Co. hayan desarrollado un modelo de negocio, sino que el cambio de los tiempos ha[14] abierto una nueva dirección para el capitalismo, que sólo fue tomada por las empresas de tecnología.

Por lo tanto, no era necesario que ninguna empresa descubriera ningún tipo de comportamiento en la trastienda, pero el comportamiento siempre ha sido una materia prima. Un buen ejemplo de ello es el sector de los seguros, que investigó, evaluó y utilizó el comportamiento de los clientes mucho antes de la era de Internet para optimizar los productos de seguros actuales y generar otros nuevos. Básicamente, siempre ha sido un factor de producción, al menos en estas áreas, y es con esta misma idea con la que podemos acercarnos a esta nueva forma de capitalismo, porque el reconocimiento de que las necesidades y el

---

[14] Herteux Andreas, Concepto de Cambio de Tiempo

comportamiento de los clientes potenciales son un componente importante para poder ofrecer y vender productos y servicios de forma efectiva no es original, ni requiere un estudio más profundo.

Pero a través de las nuevas tecnologías, el establecimiento de la sociedad irritante y las posibilidades de desnatamiento mecánico, surgió una pequeña corriente tributaria de la corriente principal del capitalismo, que con el tiempo también se convirtió en una peligrosa masa de agua. Una evolución que ya experimentamos con el capitalismo financiero. Aquí también, el capital fue un medio importante desde el principio, pero más tarde se separó y fundó una variedad independiente de capitalismo. El fruto había crecido en el árbol, pero la semilla cayó al suelo y creció allí a un ritmo asombroso. Por lo tanto, no es de extrañar a qué velocidad las grandes empresas de tecnología como Amazon, Facebook o Google emergieron y comenzaron a recopilar datos tan pronto como surgieron las posibilidades. Por lo tanto, era lógico utilizar el comportamiento de acuerdo con los métodos capitalistas e ir integrando a la gente poco a poco. Los algoritmos y la automatización hicieron posible lo que la gente no habría podido hacer y la materia prima y los meros medios de producción se convirtieron en el factor de producción de un nuevo capitalismo: el capitalismo de comportamiento.

Entwicklung der Spielarten des Kapitalismus 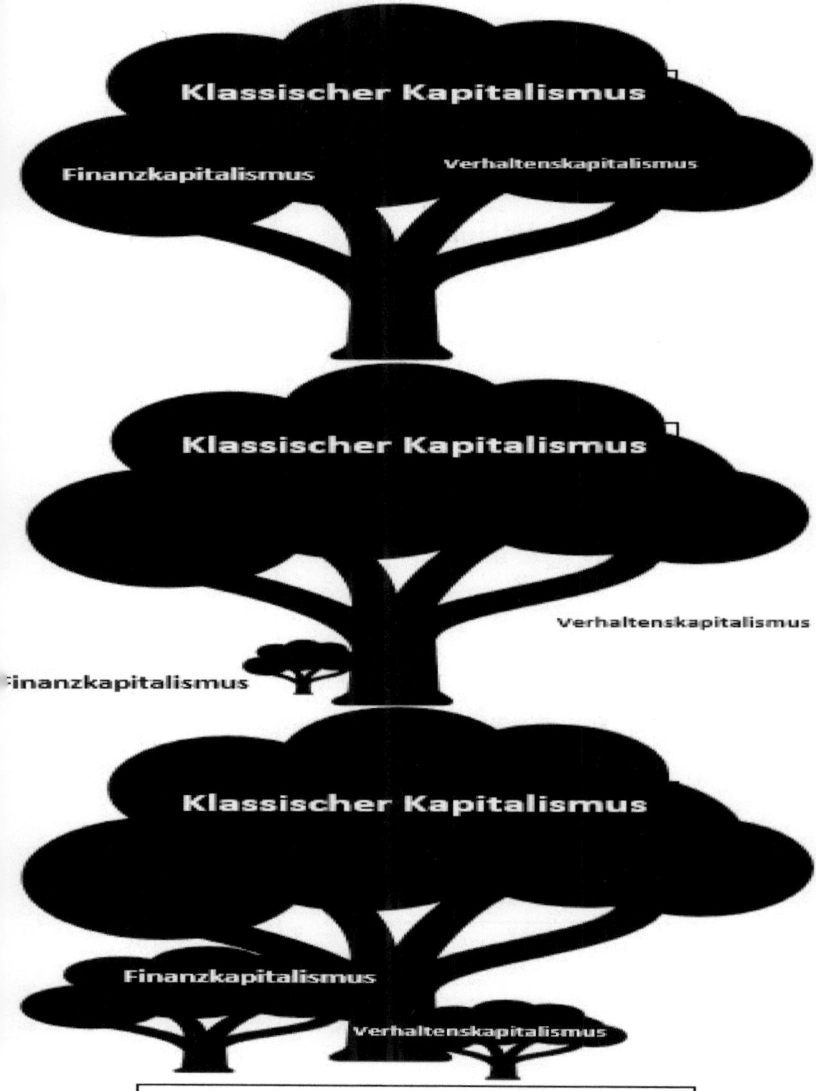
Klassischer Kapitalismus
Finanzkapitalismus
Verhaltenskapitalismus
Klassischer Kapitalismus
Verhaltenskapitalismus
Finanzkapitalismus
Klassischer Kapitalismus
Finanzkapitalismus
Verhaltenskapitalismus
Alle Rechte Erich von Werner Gesellschaft 2019

2. Cómo funciona

Después de considerar la definición y el origen, ahora se comparan las funcionalidades de ambas descripciones.

capitalismo de vigilancia

Zuboff explica el funcionamiento del capitalismo de vigilancia de la siguiente manera:

"El capitalismo de vigilancia reclama la experiencia humana unilateral como materia prima para la transformación en datos de comportamiento [....]"[15]

En este punto se asume que el capitalismo de vigilancia, que en última instancia es sólo la herramienta menos importante, se utiliza para desviar la

---

[15] Zuboff, página 22

experiencia sin consideración humana.[16] Un punto muy importante, porque en la idea del capitalismo de vigilancia el individuo es simplemente la vaca en el establo, que es constantemente ordeñada y al final, metafóricamente con la pérdida de la libertad, sacrificada. No se aceptan las objeciones, como que la persona que introduce una consulta de búsqueda reciba una lista de resultados a cambio o que un skimming oculto pueda servir también para identificar necesidades.

"Es difícil determinar nuestra posición real en esta constelación. Primero, nos dijeron lo felices que podíamos estar de recibir servicios gratuitos. Cuando nos enteramos de que las empresas estaban recopilando datos sobre

---

[16] Una vez más se plantea aquí un cierto problema, a través del uso del vago término "experiencia humana". ¿Se elimina la "experiencia" introduciendo un término en un motor de búsqueda? O sólo el comportamiento, la entrada. Cuando se utilizan datos de un perfil de Facebook para evaluarlo, ¿se utilizan valores empíricos? No, en última instancia es sólo el comportamiento de entrada al crear y mantener el perfil.

nosotros, éramos "el producto". Y nos dijeron que esto era un comercio justo. Pero no somos el producto, sino la fuente, la materia prima de libre acceso. Esto a su vez se transforma en productos que sirven a los intereses de aquellos que se benefician de nuestro comportamiento futuro".[17]

"Declararon que tenían derecho a adquirir nuestra experiencia privada, a transformarla en datos para poseerla como propiedad privada. Google comenzó a afirmar unilateralmente que la World Wide Web le pertenecía a él y a su motor de búsqueda. [...] Una vez que buscamos en Google, ahora Google nos

---

[17] Entrevista con el diario Süddeutsche Zeitung del 07.11.2018;
https://www.sueddeutsche.de/digital/shoshana-zuboff-ueberwachungskapitalismus-google-facebook-1.4198835

busca a nosotros. Solíamos pensar que los servicios digitales estaban disponibles libremente, ahora los capitalistas de vigilancia piensan que estamos disponibles libremente".[18]

Por lo tanto, el capitalismo de vigilancia no sólo interpreta la relación entre los capitalistas de vigilancia y los usuarios como unilateral y parasitaria, sino que también advierte claramente contra una mayor agravación de este desequilibrio:

"Pero también porque un desarrollo tan parasitario se ha convertido en la base de un capitalismo lucrativo del siglo XXI. Ahora hay una concentración sin precedentes de conocimiento y poder, libre de control

---

[18] Entrevista con el semanario "Der Freitag" del 02.04.2019; https://www.freitag.de/autoren/the-guardian/tyrannei-die-sich-von-menschen-ernaehrt

Una vez que se han recaudado los gravámenes, se dividen los datos obtenidos:

"Algunos de estos datos se utilizan para mejorar productos y servicios, el resto se declara un excedente de comportamiento

---

[19] Entrevista con el diario Süddeutsche Zeitung del 07.11.2018; https://www.sueddeutsche.de/digital/shoshana-zuboff-ueberwachungskapitalismus-google-facebook-1.4198835

propietario del que, con la ayuda de avanzados procesos de fabricación, que [...] se puede resumir bajo el término "máquinas o inteligencia artificial", se producen productos de predicción que anticipan lo que harán ahora, en un futuro próximo, o en algún momento en el futuro. Por último, estos productos de previsión se negocian en un nuevo tipo de mercado de previsión del comportamiento, [...][denominado] mercado de futuros del comportamiento.[20]

En este punto se vuelve algo borroso, ya que no siempre se distingue claramente si el capitalismo de vigilancia21 describe sólo el uso de lo que se llama

---

[20] Zuboff, página 22

[21] Zuboff, página 121

"nuevos medios de producción" o también el de la mejora. La redacción debería referirse a ambos.

La cuestión de si no es una de las características fundamentales de la economía capitalista que se generen nuevos productos, servicios e innovaciones a partir de los excedentes de los medios de producción está abierta. Lo mismo se aplica a la consideración de si la identificación de necesidades y requisitos, que en última instancia no es más que un estudio de mercado por medios modernos, no tiene que ser la base comercial de toda empresa que no pueda operar en el mercado de un vendedor, bajo protección estatal o en un oligopolio o monopolio.

La separación también causa problemas precisamente porque Zubuff en particular ve aquellos datos que no son necesarios para la optimización, es decir, el "excedente de comportamiento", particularmente crítico:

"Se proporcionan más datos de comportamiento de los necesarios para mejorar el servicio. Este excedente proporciona un nuevo medio de producción que produce predicciones a partir del comportamiento de los usuarios. Estos productos se venden a clientes empresariales con nuevos contratos de futuros de comportamiento. El ciclo de reinversión del valor de comportamiento está sujeto a esta nueva lógica.[22]

Pero, ¿no es cierto que los datos utilizados para la optimización y la predicción no deberían ser en gran medida idénticos? ¿Y para quién son los nuevos productos? ¿Sólo para clientes comerciales? ¿No es para el propio cliente? ¿Y no es el mercado mucho más grande que el descrito aquí? Parece un poco como si se tratara de diferenciar entre el nuevo capitalismo

---

[22] Zuboff, página 121

bueno ("optimización de servicios") y el nuevo capitalismo malo ("uso y generación de excedentes de comportamiento"), pero ¿tiene realmente sentido esta diferenciación?

Estas cuestiones pueden ser irrelevantes si uno quiere representar sólo un mecanismo de explotación creado fuera de la norma capitalista, con el propósito de acumular poder, influencia y riqueza de unos pocos, pero se vuelven relevantes cuando se busca una estructura general de un nuevo capitalismo, y ese es precisamente el objetivo de este trabajo: Haciendo lo discreto visible en las sombras y generalmente comprensible.

capitalismo conductual

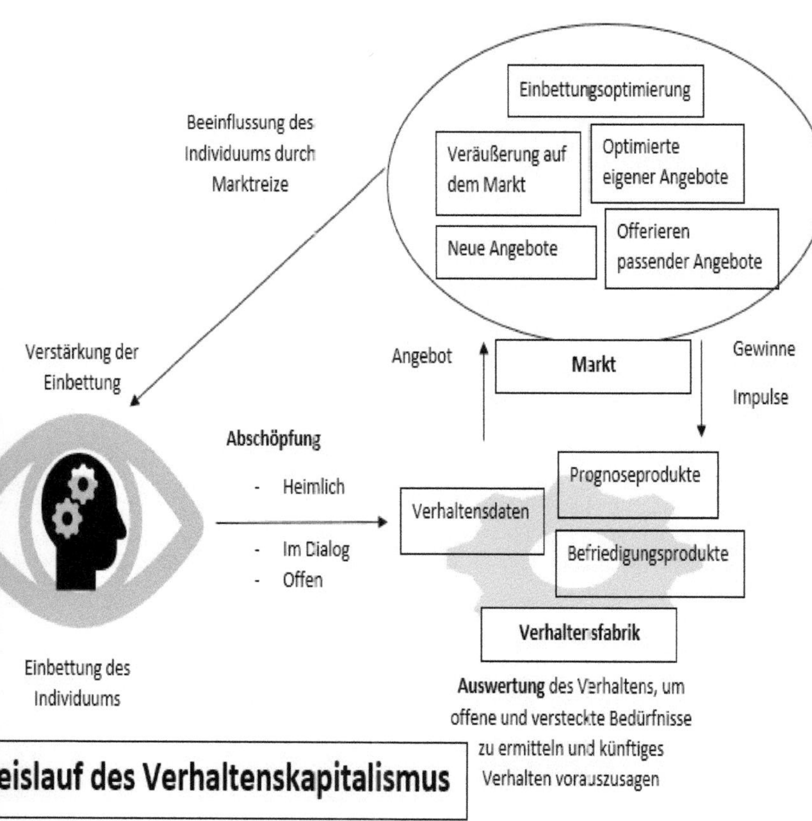

Absorción de datos de comportamiento

El capitalismo conductual se basa en el comportamiento de las materias primas y de los factores de producción, que se crea por la reacción del individuo a los estímulos. Primero debe ganar esto robando. Siempre ha habido tales intentos, pero fue el progreso tecnológico impulsado por el cambio de los tiempos lo que hizo posible la cosecha automatizada en grandes cantidades. El proceso de skimming tiene tres variantes cuyas transiciones pueden ser fluidas:

- **Desnatado abierto**

- **Desnatamiento dialógico**

- **Desnatado oculto**

Transformación en la fábrica de comportamiento

Los volúmenes de datos obtenidos se almacenan ahora en la fábrica de comportamiento, una metáfora que representa un proceso de procesamiento complicado y descentralizado de forma más plástica, y se procesan por partes en productos. Se elaboran productos de pronóstico y de satisfacción.

> Un **producto de satisfacción tiene como objetivo** satisfacer las necesidades humanas.
>
> Un **producto de pronóstico** predice el comportamiento humano futuro.
>
> **Los datos de comportamiento** también se pueden comercializar sin necesidad de procesamiento adicional.

Los productos de pronóstico se utilizan para estimar el comportamiento futuro de un individuo. Un ejemplo típico sería un usuario de una red social que está interesado en el senderismo, presenta fotos y documenta la participación en eventos. El algoritmo puede ahora leer estos datos y complementarlos con otra información como la edad, el lugar de residencia, la inclinación de la marca, el estilo, etc. El algoritmo también puede leer los datos de los datos. Junto con la lectura del historial del navegador, que puede ocurrir incluso si ya no está conectado a la red correspondiente, se crea un producto de pronóstico, cuyo resultado podría ser, por ejemplo, que exactamente este usuario es muy probable que vuelva a realizar las visitas correspondientes en verano. Por lo tanto, tendría sentido confrontarlo virtualmente con servicios adecuados (por ejemplo, ofertas de viaje) o productos (por ejemplo, botas de senderismo) poco antes. El producto de pronóstico abre la puerta a un enfoque específico.

Los productos de satisfacción, por otro lado, están específicamente orientados a satisfacer las necesidades identificadas. No en el futuro, sino en el presente. Es interesante observar que un producto de satisfacción puede referirse tanto a una necesidad que el usuario conoce como a una necesidad sobre la que aún no ha reflexionado, pero que resulta del análisis del comportamiento. Por lo tanto, son precisamente los productos de satisfacción, pero también los productos de pronóstico, los que tienen la función de revelar las necesidades internas del individuo y, por lo tanto, pueden ser un elemento importante de auto-realización.

Negociación en el mercado

Tanto los productos de pronóstico y satisfacción como el propio comportamiento pueden ser utilizados o vendidos por el propio recopilador de datos. Esto genera enormes beneficios, que normalmente se reinvierten. No necesariamente sólo en el modelo de negocio anterior, sino también en otros campos que invitan al networking. Por lo tanto, surgen las siguientes oportunidades para el mercado:

- **Ofrecer ofertas adecuadas**

  Los datos se utilizan para ofrecer ofertas adecuadas a la persona. Esto puede consistir en servicios y productos propios, combinados, sin embargo, estos son generalmente con la publicidad de terceros. El núcleo del modelo de negocio todavía se puede ver aquí hoy en día.

  En general, se estima que el 25% de los ingresos publicitarios globales son generados por Facebook y Google, dos de los mejores ejemplos de capitalismo de comportamiento aplicado. En 2016, todavía era del 20%. Tendencia en aumento.

- **Nuevas ofertas**

El comportamiento hace necesario diseñar productos totalmente nuevos para satisfacer las necesidades identificadas a partir de ellos. La idea de derivar de la observación del mercado las innovaciones y desarrollos necesarios es tan antigua como la propia actividad económica, pero gracias a las nuevas posibilidades de desviar una materia prima que antes era difícil de extraer, ha alcanzado una dimensión completamente nueva.

- **Optimización de ofertas propias**

Las ofertas propias son mejoradas y adaptadas mediante productos de comportamiento y retroalimentación adecuada. Esto se aplica tanto a los recopiladores de datos como a sus clientes. En particular, la máquina de aprendizaje depende de estas reacciones para mejorar constantemente sus funciones.

- **Venta en el mercado**

  Los volúmenes de datos se ponen a disposición de terceros en bruto o ya como productos de procesamiento para sus propias actividades comerciales.

- **optimización de incrustaciones**

  El individualismo colectivo conoce la inserción del hombre en la creación de una realidad individual. El capitalismo conductual contribuye a ello a través de un ciclo continuo de desnaturalización conductual.

Prozess der Einbettung

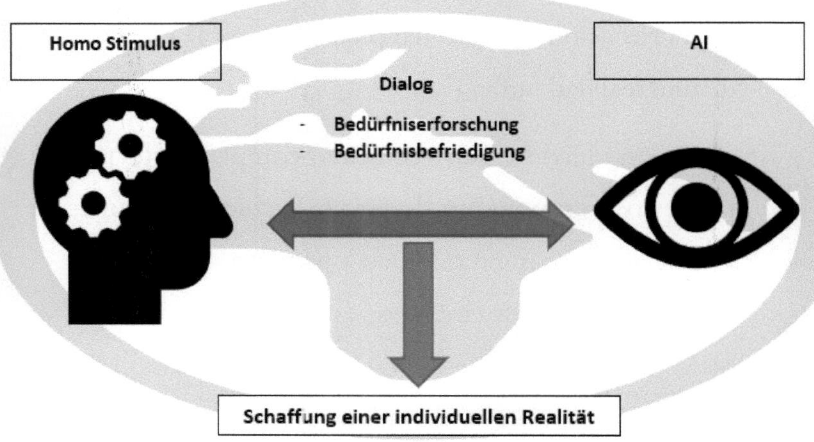

Estimulación del individuo para reaccionar

En el caso ideal, el individuo reacciona a los estímulos ofrecidos y así crea un nuevo comportamiento, que a su vez puede ser descremado. El resultado es un ciclo de incrustación, que al final puede llevar a la creación de una realidad individual.

En un individualismo colectivo completo, que por supuesto presupone un desarrollo técnico constante, lo desnatado se hundiría poco a poco en una realidad individualizada. Sin embargo, esto es todavía incompleto debido a la presencia de luchas en el medio ambiente. Al mismo tiempo, el comportamiento de la materia prima y el capital de inversión se acumulan, lo que mejora aún más las posibilidades de comportamiento de la fábrica y del skimming. Se desarrolla un ciclo. El juego, impulsado por la máquina, comienza desde el principio. Por lo tanto, por un lado, causa la incrustación del hombre, pero al mismo tiempo también causa el distanciamiento adicional de los medios sociales.

3. Examen

El capitalismo conductual es una variante del capitalismo que, al igual que el capitalismo financiero, es difícil de identificar en sus efectos y, por lo tanto, sólo desempeña un papel subordinado en la percepción pública y en la agenda política. Utiliza hábilmente esto para extenderse y consolidarse, que en el capitalismo se caracteriza a menudo por el surgimiento de monopolios u oligopolios. Esto queda demostrado de forma impresionante por la situación real de los grupos tecnológicos y su poder de mercado.

Por lo tanto, el capitalismo conductual se ha establecido firmemente, pero sin ser percibido como tal. La tecnología más avanzada permite una incrustación nunca antes vista que puede penetrar en las zonas más íntimas de la persona. Un desarrollo que requiere un escrutinio más profundo y que no debe seguir ocurriendo en las sombras, ya que un capitalismo conductual desatado sería una fuerza aún más fuerte de lo que nunca lo fue el capitalismo financiero. Sería un medio de dominación.

Los dos últimos párrafos podrían haber sido escritos de manera similar, si no idéntica, sobre el concepto de capitalismo de vigilancia, pero la diferencia bajo la superficie es inconfundible, porque mientras que el capitalismo de vigilancia ve el desarrollo como algo anormal, hecho por el hombre y en última instancia - unilateralmente - malvado que da origen incluso a lo peor, la representación del capitalismo conductual es deliberadamente neutral porque reconoce que es un desarrollo normal del capitalismo y ofrece tanto oportunidades como riesgos. El trabajo de Zuboff presenta los desafíos de una manera excelente y meticulosa; quizás más convincente que nunca. No las probabilidades. Estos son incluso negados.

La integración gradual del individuo en su propio mundo es, al mismo tiempo, una posibilidad no sólo de satisfacer sus necesidades, sino también de identificarlas. Sin embargo, este proceso no puede separarse del proceso capitalista, como sugiere Zuboff. Necesita las innovaciones y optimizaciones.

También pasa por alto un detalle importante: la población de un país está dividida en medios, que también se están deteriorando cada vez más rápidamente, algunos de los cuales tienen puntos de vista, valores o estilos de vida completamente diferentes. Una parte considerable de estos medios estaría siempre dispuesta a intercambiar elementos como la democracia o las libertades que no se perciben por una inserción que satisfaga sus necesidades.

Esta comprensión puede ser aterradora y, sin embargo, describe los hechos. Si Zuboff es, pues, de *"ser arena en la rueda"*[23], la *"falta de voluntad de los ciudadanos y de los periodistas [....] los científicos [...] los representantes electos del pueblo y de los responsables políticos [...] y los jóvenes [...]"*, entonces la

---

[23]Zuboff, página 593

"falta de voluntad del pueblo y de los periodistas [...] los científicos [...] los políticos [...] y los jóvenes [...]". Si[24]hablamos de un sentimiento general de *"indignación"*[25]que debería desarrollarse, hay que tener en cuenta que esto sólo beneficiará a una parte de la población.

Pero eso sólo es un problema mientras el desarrollo sea visto como una monstruosidad aislada que sería controlada con un rifle y un látigo. De hecho, el capitalismo conductual no es sólo una continuidad histórica, sino que en sí mismo es sólo una parte de una transición hacia una era de individualismo colectivo que, junto con las luchas de los medios y el cambio de las relaciones de poder globales, configurará el futuro.

La idea de que estas grandes fuerzas de cambio pueden ser contrarrestadas con algunas restricciones en

---

[24] Zuboff, página 596

[25] Zuboff, página 595

las actividades comerciales de las empresas de tecnología occidentales parece interesante, pero no es muy útil, porque ¿no significaría eso que el campo se dejará en última instancia en manos de Baidu, Tencent, Alibaba & Co, a menudo respaldado por la autoridad del Estado chino? Se trata de una cuestión importante que debe debatirse:

Los lados oscuros del capitalismo conductual son un problema gigantesco, pero ¿no estamos quizás dejando el mercado a fuerzas mucho más peligrosas si debilitamos a las corporaciones occidentales mientras no podemos influenciar a las orientales? Por lo tanto, requiere un concepto de solución integral, como lo encontramos en el modelo de hegemonía alternativa (modelo AH), que no debería ser un problema en este caso.

Hacia el final

Este escrito finalmente se ocupó de ello:

1) Comparar dos interpretaciones fundamentales del desarrollo del capitalismo

2) Contribuir a hacer descriptible este nuevo fenómeno y darle una estructura mediable.

3) Crear una base para la discusión sobre las oportunidades y riesgos del desarrollo capitalista.

Shoshana Zubuff ha logrado presentar los aspectos negativos del capitalismo de comportamiento de una manera sobresaliente. Un verdadero trabajo pionero. Una representación sistemática de una nueva variedad de capitalismo probablemente nunca fue su propio fin, sino sólo un medio para expresar la advertencia de los peligros de una nueva era de individualismo colectivo.

El modelo de capitalismo conductual ofrece una descripción y clasificación sistemática que puede servir como una amplia base para la discusión.

Este documento está disponible bajo el título DOI 10.13140/RG.2.2.2.28837.65764 y ha sido publicado en la misma forma varias veces en alemán e inglés y publicado para su discusión.

Alusiones

Zuboff, Shoshana, La era del capitalismo de vigilancia. Editorial Campus 4 octubre 2018; 04 octubre 2018

Herteux, Andreas, Behavioural Capitalism - A New Variety of Capitalism Gains Power and Influence, DOI 10.13140/RG.2.2.18058.62402, agosto de 2019.

Herteux Andreas, Concepto del Cambio de los Tiempos

Herteux Andreas, Sociedad Reiz

Entrevista en "Friday" del 02.04.2019; https://www.freitag.de/autoren/the-guardian/tyrannei-die-sich-von-menschen-ernaehrt

Entrevista con el diario Süddeutsche Zeitung del 07.11.2018; https://www.sueddeutsche.de/digital/shoshana-zuboff-ueberwachungskapitalismus-google-facebook-1.4198835

Preguntas y respuestas

El modelo de capitalismo conductista ha sido hasta ahora recibido positivamente y no ha sido cuestionado como una forma de representación y descripción.

Las preguntas y discusiones surgieron principalmente por la razón de que no es normativo, sino meramente descriptivo.[26]

Quiere presentar mecanismos y señalar desafíos y oportunidades. Si bien los dos primeros elementos se consideraron benévolos y de apoyo, hubo voces que negaron aspectos positivos del capitalismo conductual más allá del beneficio del proveedor respectivo. Por lo

---

[26] Sin embargo, la presentación descriptiva era precisamente el objetivo: hacer frente a un nuevo fenómeno, a menudo ignorado por negligencia, y presentarlo objetivamente en sus mecanismos, con el fin de facilitar un debate que no excluya a una parte de él en general.

tanto, este punto desempeña un papel importante en las cuestiones complementarias:

El capitalismo conductual tiene sólo lados negativos y es un producto de la explotación capitalista?

El capitalismo conductual contiene grandes peligros. Entre ellas, sin duda, las posibilidades de manipulación y control. Éstos se ven aún masivamente reforzados por el condicionamiento de los humanos a estímulos pequeños y rápidos desde la Segunda Guerra Mundial, por lo que hoy en día hablamos de un estímulo homo.[27]

---

[27] En este sentido, se hace referencia a la "Teoría de la sociedad irritable". Es un desarrollo que ha sido condicionado paso a paso por el capitalismo, el cambio social y la política, sin aspirar a ellos. El estímulo homo, el ser humano condicionado a estímulos cortos y rápidos, es en última instancia el producto final.
Esta reacción de estímulo más rápida se puede encontrar en todos los medios, ya que se ha establecido a lo largo de décadas tanto en el mundo del trabajo como en la esfera

Por lo tanto, la democracia y la libertad también están en juego. Estos peligros deben ser claramente identificados, discutidos y combatidos.

Sin embargo, también hay aspectos positivos[28]. Estos se ven en las áreas del reconocimiento de las necesidades y su satisfacción, porque a través de los métodos del capitalismo conductual se pueden identificar y satisfacer las necesidades conocidas y hasta ahora ocultas del individuo.

Tomemos un ejemplo. Hasta ahora, un usuario ha sido formado por el entorno directo de una aldea y

privada y ha aumentado cada vez más. Si uno quiere apuntar a un extremo, se recomienda un simple viaje en metro y uno debería simplemente prestar atención a la influencia que los teléfonos inteligentes, por ejemplo, tienen en la vida de muchas personas y recordar cómo era hace 10 años. Con tal observación es probablemente más fácil entender el estímulo homo que con toda la teoría del gris.

[28] El argumento estándar de las empresas de tecnología de que cada usuario es recompensado con servicios por aprovechar el comportamiento o los datos no debe ser profundizado aquí. El argumento ciertamente puede ser discutido de manera controvertida.

nunca ha ido más allá de él. No está realmente satisfecho con eso, pero al final su huella sólo conoce este pequeño mundo. A través del uso de Internet, ahora está entrando en el mundo de los medios sociales. Aquí enlaza con algunas personas que hace tiempo que se mudaron del pueblo y mira las fotos de sus vacaciones en un hermoso día. Le gustan los lugares e investiga más sobre un motor de búsqueda. De repente, el medio social y el motor de búsqueda le ofrecen cada vez más noticias y anuncios que se centran en el tema de los viajes. El tema se vuelve cada vez más interesante y cuanto más lo busca, más se incrusta. Mientras tanto, ha buscado en muchos destinos y ofertas, ha encargado guías de viaje y está activo en un foro. Ahora está operando en un mundo propio, en el que un nuevo anhelo se convierte en el centro de atención, alimentado por la máquina del aprendizaje. Se da cuenta de que su insatisfacción anterior se debe también al hecho de que quería salir de su entorno familiar y ver el mundo. Hasta ahora, sin embargo, le ha faltado inspiración. Esto es ahora resuelto por el proceso capitalista de comportamiento, que por supuesto le hace inmediatamente las correspondientes ofertas de satisfacción. El año que viene, el usuario hará un viaje alrededor del mundo.

¿Fue manipulado en este ejemplo? ¿O era simplemente un deseo que se había enterrado anteriormente porque el propio entorno no podía desarrollarla junto con el usuario? ¿Y es realmente negativo cuando esto sucede? Por lo tanto, como podemos ver, debemos diferenciar con gran precisión.

Los lados positivos que se describen son al final sólo la seducción de consumir, ¿verdad?

Centrémonos en el caso concreto del próximo veraneante. Es cierto que también consumirá a muchos capitalistas del comportamiento que se beneficiarán de ello. Sí, ¿es consumo lo que quiere? ¿O más bien una forma de autodesarrollo?

¿No es precisamente el modelo de éxito real de los grandes capitalistas de comportamiento el que se adaptan a los deseos individuales y hacen una contribución inimaginable a la auto-realización personal? Un simple trabajador tiene ahora la oportunidad de ser escuchado en el medio social. Para mostrarte a ti mismo. Vivir los propios intereses. Tal vez incluso ser una estrella. ¿Cuándo fue posible antes? ¿Qué es real?

¿No se trata también de oportunidades de desarrollo? En última instancia, el capitalismo conductual crea un mundo individualizado de acuerdo a las necesidades del usuario respectivo y esto no tiene nada que ver con el consumo material.

Aquellos que realmente quieren dibujar el debate sobre este sencillo modelo explicativo del consumidor seducido, no han entendido las necesidades humanas y, por lo tanto, al ser humano.

Además, una visión de conjunto es indispensable, porque el capitalismo conductual no está solo. Por supuesto, él, así como la sociedad de estímulo y el estímulo homo formado por ella, pertenecen a la era venidera del individualismo colectivo, que en última instancia sólo se ve frenado por las luchas de los medios. Y esta nueva era es inevitable si no queremos rechazar el desarrollo tecnológico. Pero podemos decidir cómo queremos diseñarlas.

¿Ninguna persona pensante cambiaría la libertad y la democracia por la necesidad de reconocimiento y satisfacción?

La pregunta implica que las personas representan una masa homogénea que comparten las mismas actitudes y estilos de vida. De hecho, sin embargo, las sociedades globales se desintegran en numerosos medios, algunos de los cuales tienen valores completamente diferentes. Esta fragmentación del medio ambiente aún no se ha completado y continuará.

Esto también significa, sin embargo, que una parte de estas realidades no tendría ningún problema, por ejemplo, con el intercambio de la propia cogestión democrática por una satisfacción garantizada de las necesidades. Tan horrorizado como algunos miembros de un medio u otro pueden ver esta afirmación, no cambia su veracidad.

Por lo tanto, también hay aprovechados del sistema y se encuentran no sólo entre los capitalistas de comportamiento, sino sobre todo entre aquellos para los que lo que parece estar en peligro vale mucho menos o nada que para otros.

¿Cómo se puede luchar contra esto cuando unos tienen todo el poder en sus manos y la mitad de los otros son sobornados?

A través de nuevas ideas e impulsos como el modelo de hegemonía alternativa (modelo AH). En esto, se crea un participante del mercado que está bajo control democrático y cambia o corrige el capitalismo desde dentro. A través de un poder de mercado democráticamente controlado. Esto hace de los valores un factor de producción y, por lo tanto, un contrapeso a la influencia de las corporaciones privadas y al poder del Estado. Tampoco educa a la gente, sino a las empresas y a las entidades estatales.

Por ejemplo, para obtener una licencia de una tecnología cuyos derechos son propiedad del AH Fund, el contrato de uso de la empresa en cuestión contiene la obligación de

- salario justo

- condiciones de trabajo adecuadas

- Cumplimiento de la normativa medioambiental

- y que en todo el mundo

- obligaciones de transparencia

La empresa no estará obligada a aceptar estas condiciones. Pero si quiere generar el máximo beneficio, lo hará. O enfrentarse a la competencia. Probablemente lo perderá. De esta manera, los valores se convierten en un factor de producción y el capitalismo recibe una nueva dirección.

A largo plazo, el fondo AH también obtiene beneficios, que pueden volver a los países, por ejemplo, para apoyar a los fondos sociales.

Por supuesto, el modelo no se puede presentar aquí en toda su amplitud, así que por favor, consulte las publicaciones separadas.

Das Modell der Alternativen Hegemonie (AH-Modell)

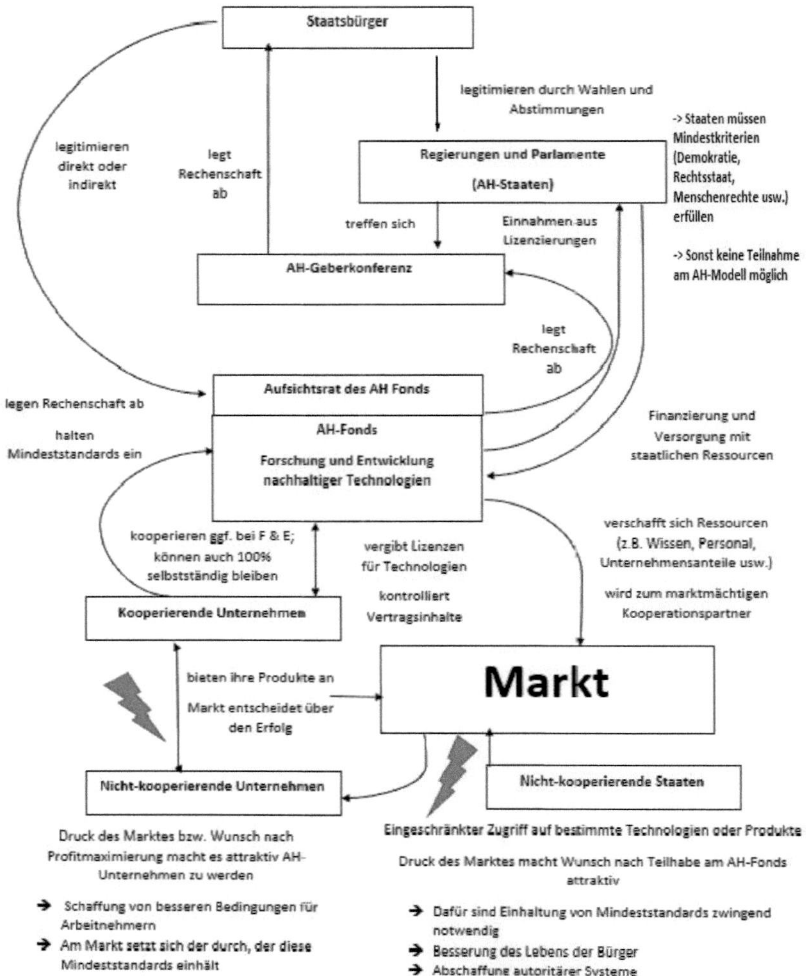

Druck des Marktes bzw. Wunsch nach Profitmaximierung macht es attraktiv AH-Unternehmen zu werden

→ Schaffung von besseren Bedingungen für Arbeitnehmern
→ Am Markt setzt sich der durch, der diese Mindeststandards einhält

Eingeschränkter Zugriff auf bestimmte Technologien oder Produkte

Druck des Marktes macht Wunsch nach Teilhabe am AH-Fonds attraktiv

→ Dafür sind Einhaltung von Mindeststandards zwingend notwendig
→ Besserung des Lebens der Bürger
→ Abschaffung autoritärer Systeme

El modelo de hegemonía alternativa (modelo AH) suena muy bien sobre el papel, pero ¿cómo pretenden obligar a los capitalistas conductuales, que son oligopolios después de todo, a participar?

Estamos en un cambio de tiempo que se puede definir de esta manera:

El término "cambio temporal" se entiende como un período de tiempo en el que sus elementos individuales se influyen mutuamente de forma dinámica de tal manera que pueden provocar un reordenamiento de las relaciones de poder anteriores (globales). "

Estos elementos son:

- Progreso tecnológico

- El auge de nuevos competidores en los mercados mundiales

- Debilidad de los elementos dominantes hasta ahora

- cambio medioambiental

- Perspectivas que faltan de una parte de la humanidad

Por lo tanto, la presión ya está ahí y se hará cada vez más fuerte y los capitalistas, que a ustedes les parecen una tropa homogénea, no existen en absoluto. Por el contrario, habrá grandes enfrentamientos entre el capitalismo occidental y el capitalismo controlado, donde el último parece tener las mejores cartas en este momento.

Así que cualquiera que piense en Google, Facebook y compañía cuando se trata de capitalismo de comportamiento no conoce todavía el poder de mercado de Tencent, Baidu o Alibaba, que están mucho más avanzados en algunas áreas (por ejemplo, los sistemas de pago). Aplicaciones como Tictoc o Zao son chinas y su crecimiento es gigantesco. El producto occidental no necesariamente ganaría la comparación entre WhatsApp y WeChat. Lo mismo se aplica a nivel estatal, donde la expansión china es inconfundible. Por lo tanto, Occidente se verá sometido a una presión cada vez mayor y tendrá que considerar alternativas. Esto a su vez sería una oportunidad para un modelo como el de la hegemonía alternativa.

Acerca de la editorial

Sociedad Erich von Werner

Erich von Werner Gesellschaft

Birkenfelder Straße 3

97842 Karbach

<u>Página principal:</u>

https://www.understandandchange.com

<u>Correo electrónico:</u>

erichvonwernersociety@understandand-change.com

Facebook:

https://www.facebook.com/Erich-von-Werner-Society-Understand-and-change-353251871900615

Twitter:

https://twitter.com/von_society

Sobre la editorial

Editorial Erich von Werner

Erich von Werner Verlag

Birkenfelder Straße 3

97842 Karbach

<u>Página principal:</u>

https://www.erichvonwernerverlag.de/

<u>Correo electrónico:</u>

Info@erichvonwernerverlag.de

Facebook:

https://de-de.facebook.com/erichvonwernerver-lag

Sobre el autor

Andreas Herteux

Página principal:

https://www.andreasherteux.com/

Facebook:

https://www.facebook.com/AndreasHerteux

Twitter:

https://twitter.com/aherteuxautor